CINZIA RANDAZZO

IL CONCETTO DELL'EDUCAZIONE DEI GIOVANI AI PRIMISSIMI ESORDI DEL CRISTIANESIMO:
Linee di approccio educativo per i laici

Youcanprint *Self-Publishing*

Titolo | Il concetto dell'educazione dei giovani ai primissimi esordi del cristianesimo: Linee di approccio educativo per i laici
Autore | Cinzia Randazzo
ISBN | 978-88-93212-02-1

Youcanprint Self-Publishing
Via Roma, 73 - 73039 Tricase (LE) - Italy
www.youcanprint.it
info@youcanprint.it
Facebook: facebook.com/youcanprint.it
Twitter: twitter.com/youcanprintit

INDICE

Cinzia Randazzo has kindly provided me with a draft English translation of her Italian essay "The Education of Young People and the Origins of Christianity." This is an important topic, and one that has not, Randazzo asserts, been adequately addressed by scholars of early Christianity. Here, she examines the literature of the subapostolic period, particularly the writings of Clement of Rome, the *Shepherd of Hermas*, Polycarp and the *Didachē*. Her aims are not simply historical and literary, but theological and pedagogical, seeking for guidance from the early Christian writers regarding the education and Christian formation of children and youth in the present.

There is a great deal to admire in the writings of these ancient Christian educators. These are men who were passionately concerned about the future of the church, and were acutely aware of the importance of youth in the transmission and defence of their faith. Many of their ideas are instructive for Christian education today: the insight that teaching is a dialectical process that requires engagement on the part of both the teacher and the pupil; the importance of the teacher as role model; the need for Christ-like humility on the part of the educator; the virtue of wisdom. Other aspects of their teaching, which reflect the philosophy and educational theory of their time, may be less appealing: the spirit-flesh dichotomy, the emphasis on discipline and punishment, the harsh judgements envisioned for those who stray from the righteous path.

This is a preliminary study, and thus it raises additional questions in the mind of the reader. Although Randazzo briefly discusses the role of women in the education of children, the question of women as teachers (1 Tim 2:12; cf. Acts 18:26; Polycarp, *Letter to the Philippians* 4:2) begs for further attention, since, as Margaret Y. MacDonald has argued, the domestic space of the earliest churches no doubt functioned as home schools for children and adults alike.[1] Did Christian children continue to study in schools run by pagan schoolmasters,

---

1 Margaret Y. MacDonald, *The Power of Children: The Construction of Families in the Greco-Roman World* (Waco, TX: Baylor University Press, 2014), 109-48.

or did their communities attempt to provide a distinctively Christian curriculum to replace (or supplement) Graeco-Roman *paideia*? Did girls receive the same quality of religious instruction as the boys, and if not, how does this square with the famous baptismal formula of Galatians 3:28? Where did slave members of the ecclesia fit into Christian *paideia*, as students and as teachers? Did free members of the church balk at being instructed by slaves, as some early Christian men resisted instruction by women? I hope that these, and other questions raised in this study, will be investigated in Cinzia Randazzo's future publications.

Saskatoon (Canada) 21-9-2015

Mary Ann Beavis, Ph.D.
Professor
Department of Religion and Culture
St. Thomas More College
The University of Saskatchewan

This latest work of the author, who has already published several works about the apostolic fathers, aims at offering us a survey of the ideas about education of the earliest Christian writers from the end of the first century to the middle of the second. Her contribution is divided into two main sections. In the first one she looks over the role of the parents and the other adults of the Christian community in this process. First she emphasizes that in the mind of the earliest Christian writers, *e.g.* Clement, one of the earliest bishops of Rome, education is a dialectic process: educators are not above its progression, but they are integral part of it. Those responsible must be very much involved in this duty. What they constantly have to keep in mind is God's justice. Being alert at all times, they can effectively counteract the bad influences of the evil spirits, who love corruptible things and are also fond of lying.

After describing the process of education and the menaces threatening young people, our author treats the main virtues which are in the focus of Christian education. Especially two early Christian works serve didactic purposes: the *Didache* (popular particularly in the Christian East) and the *Pastor* attributed to the Hermas, a layman living in Italy. The dangers of the rebellion of young people and the great responsibility of the adults are especially emphasized by Clement of Rome and the *Didache*.

Through education young people should get in possession of the following virtues: moderation in everything, appreciation of human dignity, temperance, and they also have to learn how to fear God. Clement enumerates several biblical examples and he emphasizes also the responsibility of the whole Christian community. His ideas harmonize with the pieces of advice given by the so-called *Letter to Diognetus* and those of Saint Polycarp. We have to observe that unlike in pagan society, women are not excluded from the education of the Christian youth. On the contrary, they have the responsibility of bringing up their children so that they may be able to lead a pious life.

In the second main section the author describes the models for Christian education: Christ himself and Christian wise men. Christ set an example for us especially by his humility, fulfilling Isaiah's prophecy: being obedient to his Father's will, he tolerated suffering even on the cross for our salvation. But also during the whole course of his life he preserved his purity from the contamination of sins, as all Christian people should, emphasizes Polycarp.

However, not only Christ should be our role model in our Christian life, but – as Clement reminds us – his faithful followers, some of them rich in experience and wisdom, who are showing the right path to our salvation. The anonymous author of the *Martyrdom of Polycarp* introduces us also a young person, a certain Germanicus, who had been trained in Christian *paideia, i.e.* education. He becomes a model of a Christian educator, who strengthens his fellow martyrs in their suffering to bear witness to Christ.

This survey about early Christian moral education widens our horizon in this field of patristic research to a considerable extent. Other scholars (*e.g.* V. Monachino and A. Turck) concentrated mainly on the *curricula*, the didactic material presented by the earliest catechists, while

Dr Randazzo offers us also a summary of the moral content of early Christian *paideia*.

Budapest 12-10-2015

László Perendy

Pázmány Péter Catholic University,
Budapest

Introduzione

Ci proponiamo con la presente ricerca di studiare il concetto dell'educazione e non della catechesi nelle opere dei Padri apostolici, perché, a quanto ci consta, uno studio puntuale e approfondito su tali testi non è stato ancora intrapreso, dal momento che gli studiosi hanno esaminato la tematica maggiormente nei testi che risalgono al periodo apologetico[2] e tardo-antico,[3] non escludendo

2 T. GEORGES, *Justin's School at Rome: Reflections on Early Christian "Schools"*, in P. GEMEINHARDT, T. GEORGES, (eds.), *Between Education and Conversion. Ways of Approaching Religion in Late Antiquity,* Berlin/Boston 2012 =*Zeitschrift für antikes Christentum* 16,1, pp . 75-87; P. GEMEINHARDT, *In Search of Christian Paideia Education and Conversion in Early Christian Biography* , in P. GEMEINHARDT, T. GEORGES, (éds.), *Between Education and Conversion. Ways of Approaching Religion in Late Antiquity,* Berlin/Boston 2012 =*Zeitschrift für antikes Christentum* 16,1, pp. 88-98. Per una panoramica generale sul tema dell'educazione nel cristianesimo antico vedi H.I. MARROU, *Histoire de l'éducation dans l'antiquité,* Éditions du Seuil 1965; M.M. MITCHELL-F.M. YOUNG, *The Cambridge History of Christianity*, vol. 1, *Origins to Constantine*, Cambridge University Press 2008, pp. 82-487.
3 Cfr. H. von SCHUBERT (trad. it. di G. SANNA), *Istruzione ed educazione alle origini del cristianesimo,* Venezia 1929; E. KEVANE, *Translatio Imperii. Augustine's De doctrina christiana and the classical paideia, in Studia patristica,* vol 14 (1976), pp. 446-460; St. SHOEMAKER, *Gnosis and Paideia: Education und Heresy in Late Ancient Egypt,* in *Studia Patristica* vol. 31 (1997), pp. 535-539; A. HILARION, *O Theological Education in the Christian East: first to sixt centuries* in J. BEHR-A. LOUTH-D. CONOMOS (eds), *Abba.*

quello medioevale e contemporaneo.[4]

Da tali opere si evince che l'argomento si suddivide in due filoni, che sono lo speciale oggetto di studio in questo lavoro: il primo concernente il ruolo educativo dei genitori e degli adulti e l'altro concernente il modello educativo per

The tradition of Orthodoxy in the West. Festschrift for Bishop Kallistos (Ware) of Diokleia, Crestwood, NY. ST Vladimir's Seminary Press 2003, pp. 43-64; B. SURIEL, *Christian Education and the Fathers of the Church in Alexandria in Late Antiquity,* in *Studia Patristica* 39 (2006), pp. 441-446; R. CRIBIORE, *Higher education in early Byzantine Egypt: rhetoric, Latin and the Law,* in R.S. BAGNAL (Ed.), *Egypt in the Byzantine World 300-700,* Cambridge 2007, pp. 47-66; N.A. HENEIN, *Le monachisme egyptien révélateur de l'âme copte,* Limoges 2008, pp. 322-326; P. GEMEINHARDT, *Holiness and Education in Late Antique Hagiography,* in *Studia Patristica* 44 (2010), pp. 521-526; B. LEYERLE, *Children and 'the Child' in Early Christianity,* in J.E. GRUBBS-T. PARKIN (Eds.), *The Oxford Handbook of Childhood and Education in the Classical World,,* Oxford University Press 2013, pp. 559-579; S. RUBENSON, *The Formation and Re-formations of the Sayings of the Desert Fathers,* in *Studia Patristica* 55,3 (2013), 5-22; S. RUBENSON, *Transformative Light and Luminous Tradition in Early Christian Mysticism and Monasticism,* in *Svensk Teologisk Kvartalskrift* 90.4 (2014), pp. 179-187; A.B. HUIZENGA, *Clement's Use of Female Role Models as a Pedagogical Strategy,* Oxford 2015 in press; M. QUIRCIO, *Religious Education and the Health of the Soul according to Basil of Caesarea and the Emperor Julian,* Oxford 2015, in press.; S. GEORGIEVA, *The Letters of Jerome, Augustine and Pelagius to the Virgin Demetrias. The Epistolary Education of Early Christianity,* in *Studia Patristica* 74 (2016), pp. 329-340; D. RIGHI (a cura di), *Educazione, paideia cristiana e immagini di Chiesa.* Atti del convegno della Facoltà teologica dell'Emilia Romagna, Bologna, 29-30 novembre 2011, EDB, Bologna 2016; J. STRAWBRIDGE, *'A School of Paul? Pauline Texts in Early Christian Schooltext Papyri.'* in M. HAUGE-A. PITTS (Eds), *Ancient Education and Early*

i giovani.

Nel primo filone i Padri apostolici attribuiscono al ruolo educativo degli adulti un significato *virtuale*: la loro educazione verso i giovani è finalizzata a edificare i giovani alle virtù della giustizia, della moderazione, della dignità, del timore di Dio e della temperanza.

Nel secondo filone i Padri apostolici attribuiscono al modello educativo per i giovani quello di Cristo e dei veri saggi cristiani, facendo riferimento, a testimonianza del secondo modello, alla figura di Germanico.

All'interno di tali filoni si articola il presente lavoro. Riguardo al primo filone si cerca di individuare non solo le condizioni che permettono l'attività educativa e l'educazione alle virtù sopra menzionate, ma anche gli effetti che da queste scaturiscono. Riguardo al secondo

Christianity (LNTS; New York: T&T Clark 2016); J.I.O. van't WESTEINDE, *Teach and Transform: Education and Reconstructing Identity in Jerome's Letters,* in *Studia Patristica* 74 (2016), pp. 223-238.

4 D. WERNER – D. ESTERLINE- N. KANG – J. RAJA (Eds), *REGNUM STUDIES IN GLOBAL CHRISTIANITY, Handbook of Theological Education in World Christianity, Theological Perspective – Regional Surveys – Ecumenical Trends,* Oxford 2010; A. BRENT, *Philosophy and Educational Foundations,* Routledge Library Editions 2016; D. RIGHI (a cura di), *Educazione, paideia cristiana e immagini di Chiesa.* Atti del convegno della Facoltà teologica dell'Emilia Romagna, Bologna, 29-30 novembre 2011, EDB, Bologna 2016.

filone si cerca di mettere in luce i fondamenti *virtuali* sui quali si impernia non solo il modello educativo di Cristo, ma anche quello degli uomini fedeli e saggi, incluso Germanico.

Un ritorno ai Padri apostolici è alquanto opportuno per gli educatori di oggi, perché non è possibile cercare di educare i giovani senza conoscere il pensiero di tali Padri, in quanto è da lì che nasce la nuova educazione cristiana fondata sul timore di Dio.

1. Il ruolo educativo dei genitori e degli adulti
1.1. *Il concetto di educazione*
1.1.1. Condizione circolare

Condizione fondamentale senza la quale non è possibile l'educazione dei giovani è la presenza dei piccoli: "*I grandi non possono stare senza i piccoli e i piccoli senza i grandi*".[5] Clemente Romano mostra che l'adulto non può impartire l'educazione ai piccoli se questi mancano e viceversa. L'attività dell'educare è possibile grazie alla presenza dell'educatore (adulto saggio) e dell'educando (piccolo giovane, figlio), perché se manca uno dei due tale esercizio è nullo.

Tale attività è non solo reversibile perché può perdere la sua efficacia quando una delle due parti manca, ma anche circolare, in quanto l'educazione è fondata sulla comunicazione tra i due interlocutori (educante e educando). In questa comunicazione emerge il collegamento tra i due soggetti: "*in tutte le cose c'è qualche collegamento e in questo l'utilità*".[6] Perché ci sia

---

5 CLEMENTE ROMANO, *Epistola ai Corinti* 37,4. Ed crit. F.X. FUNK-K. BIHLMEYER-M. WHITTAKER, *Die Apostolischen Väter. Griechisch-deutsche Parallelausgabe*, 120. Trad. di A. QUACQUARELLI, *I Padri Apostolici*, p. 74.
6 *Ibidem*

l'educazione l'educante, secondo Clemente, ha l'obbligo di instaurare una circolarità comunicativa con colui che è in procinto di educare perché tra i due ci sia collegamento e interazione dialogica. L'immagine che Clemente usa per far notare ciò è quella del corpo e delle sue membra:

> La testa non può stare senza i piedi, né i piedi senza la testa. Le più piccole parti del nostro corpo sono necessarie e utili a tutto il corpo; ma tutte convivono ed hanno una sola subordinazione per salvare tutto il corpo.[7]

Questa circolarità educativa tra l'emittente (educatore) e il recettore (educando) è appannaggio di quella circolarità educativa che si è instaurata tra il Padre e il Figlio nel sabato protologico ai primordi della creazione; entrambe le circolarità sono finalizzate alla salvezza: la prima perché è alla base della salvezza dell'educando, in quanto colui che viene educato viene formato a desiderare unicamente il Bene in tutte le cose in modo che, in questo cammino di progressiva somiglianza a Dio, egli salvi se

---

7 CLEMENTE ROMANO, *Epistola ai Corinti* 37,5. Ed. crit. F.X. FUNK-K. BIHLMEYER-M. WHITTAKER, *Die Apostolischen Väter. Griechisch-deutsche Parallelausgabe*, 120. Trad. di A. QUACQUARELLI, *I Padri Apostolici*, p. 74.

stesso, la seconda perché è causa della creazione, cioè dell'allontanamento delle tenebre e del manifestarsi della luce.

1.1.2. Condizioni virtuali

Perché si diventi dei bravi educatori occorre fuggire la via della morte, evitando di compiere i seguenti atti:

– perseguitare i buoni:

Persecutori (διῶκται) dei buoni (…). Da loro è lontana la calma e la pazienza; sono amanti delle cose vane, (…) uccisori dei figli.[8]

I persecutori sono avvinghiati da uno spirito di tormento, la cui cartina di tornasole si rispecchia in quel gruppo di demoni che imputano a Cristo la causa del loro tormento, mentre invece sono proprio loro che sono portatori di tale disagio, perché il loro spirito non è volto verso le cose superne:

due indemoniati, uscendo dai sepolcri, gli

---

8 *Didachè* 5,2. Ed. crit. F.X. FUNK-K. BIHLMEYER-M. WHITTAKER, *Die Apostolischen Väter. Griechisch-deutsche Parallelausgabe*, 120. Trad. di A. QUACQUARELLI, *I Padri Apostolici*, p. 33.

vennero incontro; erano tanto furiosi che nessuno poteva più passare per quella strada. Cominciarono a gridare: «Che cosa abbiamo noi in comune con te, figlio di Dio? Sei venuto qui prima del tempo a tormentarci?» (Mt 8,28-29).

Questi spiriti sono già in preda al tormento, perché volti a soddisfare i loro impulsi negativi che sono contrari a quelli volti alla ricerca della Verità. A partire da tale quadro i persecutori sono coloro che sono fortemente avvinti da questa orribile sete carnale di molestia e di tormento perché il loro animo non è in pace con Dio, in quanto è lontano da Lui, per cui questi vengono denominati *"uccisori dei figli"*. Il vero educatore è invece colui che è mite e sereno come Cristo, il quale non si lascia tormentare, perché il suo spirito è permanentemente in sintonia con quello del Padre: *"Prendete il mio giogo sopra di voi e imparate da me, che sono mite e umile di cuore, e troverete ristoro per le vostre anime"* (Mt 11,29).

– Odiare la verità. Per l'autore della *Didachè* non è

un buon educatore colui che odia la Verità: "*Odiatori della Verità, (…) uccisori dei figli*".[9]

Colui che odia la Verità segue le tendenze negative della carne che lo rendono schiavo dei propri istinti carnali e succube dei loro desideri. Al contrario il rinnegamento di se stessi è la via maestra per seguire la Verità: "*Chi ama il padre o la madre più di me non è degno di me; chi ama il figlio o la figlia più di me non è degno di me*" (Mt 10,37).

– Amare la menzogna: "*amanti della menzogna (…) uccisori dei figli*".[10] Coloro che seguono la menzogna sono equiparati ad Adamo ed Eva che hanno seguito la parola del serpente, che prima ha frodato Eva e poi Adamo (Gen 2-3)

– Ignorare il premio della giustizia: "*ignari del premio della giustizia*".[11]

Il didachista riprende il pensiero paolino, per il quale ad ogni cristiano incombe il compito di correre per arrivare a prendere il premio della giustizia, sulla falsariga degli atleti che nello stadio sono intenti a correre per ricevere il premio finale:

9 *Ibidem*
10 *Ibidem*
11 *Ibidem*

Non sapete che nelle corse allo stadio tutti corrono, ma uno solo conquista il premio? Correte anche voi in modo da conquistarlo! Però ogni atleta è temperante in tutto; essi lo fanno per ottenere una corona corruttibile, noi invece una incorruttibile (1Cor 9,24-25).

I veri educatori della fede hanno l'onere di tenere sempre fissi gli occhi alla giustizia di Dio, per prepararsi ad educare i figli con perseveranza nella fede in Cristo.

- non aderire al bene e al retto giudizio: "*non aderenti al bene né al retto giudizio*".[12] Secondo il didachista i cristiani sono chiamati a cercare il Bene e a giudicare rettamente. Occorre da parte del cristiano un periodo di preparazione e di costanza nella fede, sull'orma della prima lettera di Paolo ai Cor 9,27. Il progressivo cammino del cristiano è volto non al ritorno, cioè nella condizione in cui era partito, ma a un traguardo superiore, affinché divenga simile al Padre.

- Vigilare il male. Ogni cristiano educatore sa che durante il cammino incombe l'obbligo di vigilare

---

12 *Ibidem*

per non cadere in tentazione, in linea con quanto ha detto Gesù ai suoi discepoli (Mt 26,40-41). I motivi che stanno alla base di tali atteggiamenti devianti sono i seguenti:

– l'amore per le cose corruttibili

– la mancanza della calma e della pazienza

– la mancanza del timore di Dio, in quanto manca il sentimento della riconoscenza verso Dio che li ha creati:

Da loro è lontana la calma e la pazienza; sono amanti delle cose vane, avidi della ricompensa, spietati col povero, intolleranti con chi è oppresso, non riconoscenti verso chi li ha creati; uccisori dei figli, distruttori della creatura di Dio, incuranti del bisognoso.[13]

1.2. *Educazione alla giustizia*
1.2.1. Condizioni
La mancanza d'ira, per il *Pastore* di Erma, è un'altra condizione perché il figlio venga educato:

---

13 *Ibidem*

Tu Erma non essere adirato con i tuoi figli né tralasciare tua sorella perché siano purificati dai loro peccati di prima. Si educheranno con un indirizzo giusto se non porterai a loro astio. L'astio genera la morte.[14]

La mancanza dell'astio, cioè del rancore o dell'odio continuo, permette al genitore di educare il figlio secondo *"giustizia"*.[15] Qui Erma si riferisce alla giustizia di Cristo, intendendo con ciò non dare al figlio ciò che gli spetta (il dovuto), ma di educarlo seguendo l'ottica della conversione del cuore in funzione della purificazione dei suoi peccati, perché venga instaurata tra genitori e figli una circolarità educativa basata sull'amore (perdono) e non sul rancore. Al figlio viene impartita un'educazione basata sulla riconciliazione con Dio che fa leva o ha il suo perno sulla giustizia, cioè sulla conversione del cuore che dà adito al perdono e alla purificazione dei peccati.

---

14 ERMA, *Pastore, Visione* 2,7,1. Ed. crit. F.X. FUNK-K. BIHLMEYER-M. WHITTAKER, *Die Apostolischen Väter. Griechisch-deutsche Parallelausgabe*, 340. Trad. di A. QUACQUARELLI, *I Padri Apostolici*, p. 248.

15 ERMA, *Pastore, Visione* 2,7,1.3.4. Ed. crit. F.X. FUNK-K. BIHLMEYER-M. WHITTAKER, *Die Apostolischen Väter. Griechisch-deutsche Parallelausgabe*, 340. Trad. di A. QUACQUARELLI, *I Padri Apostolici*, pp. 248-249.

1.2.2. Effetti

Secondo l'autore della *Didachè* vengono reputati *"uccisori dei figli"* i genitori che seguono la via della morte: *"La via della morte è questa. Anzitutto è cattiva e piena di maledizione: omicidi (...) 2. Persecutore dei buoni (...) uccisori dei figli"*.[16] Il genitore che uccide il figlio è seminatore di morte perché non ritiene il figlio essere una creatura di Dio: *"Distruttori della creatura di Dio"*.[17] L'autore della *Didachè* spiega che gli uccisori dei figli sono quella cerchia di genitori che ritengono il figlio oggetto e succube della loro volontà. Questo modo di comportarsi lede, in linea col comandamento di Dio *"non uccidere"* (Deut 5,17), la dignità del figlio, degli stessi genitori e dello stesso Dio che li ha creati entrambi. In linea col *"principio"* di Gen 1, tutti gli esseri viventi sono

---

16 *Didachè* 5,1.2. Ed. crit. F.X. FUNK-K. BIHLMEYER-M. WHITTAKER, *Die Apostolischen Väter. Griechisch-deutsche Parallelausgabe*, 10. Trad. di A. QUACQUARELLI, *I Padri Apostolici*, pp. 32-33.

17 *Didachè* 5,2. Ed. crit. F.X. FUNK-K. BIHLMEYER-M. WHITTAKER, *Die Apostolischen Väter. Griechisch-deutsche Parallelausgabe*, 10. Trad. di A. QUACQUARELLI, *I Padri Apostolici*, p. 33.

creature di Dio, perché plasmati dalle mani dello stesso Dio che ha soffiato nelle narici il soffio vitale, che è una particella del suo spirito.

A partire da tale quadro i genitori sono tenuti a non considerare i figli "*sua proprietà*", ma "*proprietà di Dio*" come loro stessi, in quanto tutti gli esseri viventi sono figli dello stesso Dio che li ha creati.

Un'altra forma di devianza morale è la ribellione dei giovani contro i vecchi: "*Così si ribellarono (...) i giovani contro i vecchi*".[18] Secondo Clemente Romano tale forma di ribellione è causata dal fatto che i giovani hanno abbandonato il timore di Dio, in quanto non si comportano secondo i comandamenti del Signore perché seguono le passioni del loro cuore malvagio:

> Per questo si sono allontanate la giustizia e la
> pace, in quanto ognuno ha abbandonato il
> timore di Dio ed ha oscurato la sua fede; non
> cammina secondo i comandamenti divini, non
> si comporta come conviene a Cristo, ma

---

18 CLEMENTE ROMANO, *Epistola ai Corinti* 3,3. Ed. crit. F.X. FUNK-K. BIHLMEYER-M. WHITTAKER, *Die Apostolischen Väter. Griechisch-deutsche Parallelausgabe*, 82. Trad. di A. QUACQUARELLI, *I Padri Apostolici*, p. 51.

procede secondo le passioni del suo cuore malvagio.[19]

La ribellione dei giovani è ascrivibile, secondo Clemente Romano, al progressivo allontanamento dei giovani dal timore di Dio, cioè dalla mancanza di tributare a Dio rispetto, riverenza e attenzione come fosse un amico.

Questa forma di sopraffazione, che si manifesta nella ribellione dei giovani contro tutto ciò che Dio ha creato, - compresi i vecchi – è figlia della gelosia, la quale è causa, per Clemente, della morte eterna.[20] In Clemente ricorre il pensiero di Sap 2,24 che sarà ripreso in Rm 5,12:

> Quindi, come a causa di un solo uomo il peccato è entrato nel mondo e con il peccato la morte, così anche la morte ha raggiunto tutti gli uomini, perché tutti hanno peccato.

Tornando all'autore della *Didaché*, egli esorta gli adulti ad astenersi dal corrompere i ragazzi: "*Non*

---

19 CLEMENTE ROMANO, *Epistola ai Corinti* 3,4. Ed. crit. F.X. FUNK-K. BIHLMEYER-M. WHITTAKER, *Die Apostolischen Väter. Griechisch-deutsche Parallelausgabe*, 82-84. Trad. di A. QUACQUARELLI, *I Padri Apostolici*, p. 51.
20 *Ibidem*

corrompere (παιδοφθορήσεις) i ragazzi".[21] Il verbo παιδοφθορεῖν, proveniente da παῖς *(ragazzo)* + φθείρω (rovinare)[22], è impiegato dall'autore della *Didaché* per mostrare che gli adulti hanno il compito di non corrompere i ragazzi, cioè di non far volgere i loro desideri unicamente verso le cose della terra che sono corruttibili. Emerge il senso paolino della corruzione della vita terrena, perché tutto ciò che fa parte della vita terrena è improntato al transeunte, al caduco (1 Cor 9,25) e finalizzato al consumo delle cose, alla loro distruzione (Col 2,22) e non ai valori eterni. L'autore della *Didachè*, in linea col pensiero paolino, esprime il proposito di evitare che i ragazzi puntino limitatamente sul loro carattere creaturale, perché la loro presente realtà creaturale è volta alla dissoluzione, alla morte che è propria di questo mondo. Risuona l'antitesi paolina tra corruttibilità terrena e incorruttibilità celeste (Rm 2,7); per questo motivo ogni adulto è tenuto a orientare i ragazzi verso i doni dello

---

21 *Didaché* 2,2. Ed. crit. F.X. FUNK-K. BIHLMEYER-M. WHITTAKER, *Die Apostolischen Väter. Griechisch-deutsche Parallelausgabe*, Tübingen 1992, 6. Trad. di A. QUACQUARELLI, *I Padri Apostolici*, p. 30.
22 T. HOLTZ, *Φθείρω*, in H. BALZ-G. SCHNEIDER, *Dizionario esegetico del Nuovo Testamento*, vol. II, Brescia 1998, col. 1788-1792.

Spirito perché questi sono incorruttibli, affinché, abbeverandosi a tali doni, essi possano divenire incorruttibili, godendo già sulla terra i veri frutti eterni dello Spirito.

1.3. *Educazione alla moderazione e alla dignità*

Clemente Romano rivolge ai Corinti il suo gratificante appello ad essere stati fedeli alla legge del Signore, in quanto hanno anche instillato nei giovani il senso della moderazione e della dignità: "*Esortavate i giovani a pensare (νοεῖν) cose moderate (μέτρια) e degne (σεμνὰ)*".[23] I responsabili della comunità di Corinto si sono prodigati a volgere la mente dei giovani verso il giusto equilibrio al fine di orientare il loro pensiero verso le cose che non eccedono o non diminuiscono la giusta misura di tutte le cose. Concreta è stata la loro volontà di rendere moderata la mente dei giovani, affinché sappiano misurare tutte le cose con giusta misura e dare a ogni cosa il giusto

---

23 CLEMENTE ROMANO, *Epistola ai Corinti* 1,3. Ed. crit. F.X. FUNK-K. BIIILMEYER-M. WIIITTAKER, *Die Apostolischen Väter. Griechisch-deutsche Parallelausgabe*, 80. Trad. di A. QUACQUARELLI, *I Padri Apostolici*, p. 50.

dovuto, cioè ciò che loro compete senza eccessi e né regressi. Essi hanno implementato nella mente dei giovani la virtù della moderazione, attraverso la quale essi tendono a dare ad ogni cosa ciò che le è dovuto.

Oltre ad orientare la mente dei giovani verso la virtù della moderazione i responsabili si sono avvicendati a trainare il pensiero dei giovani verso cose degne che piacciono a Dio, che non offendono il pudore e che non ledono il senso del buon andamento del vivere civile; senso scaturente dall'immagine di Dio che è riposta in ogni uomo.

I responsabili della comunità sono volti a dare ai giovani esempi teorici improntati alla dignità; esempi che hanno la finalità di orchestrare il pensiero dei giovani verso cose che edificano l'umanità secondo il progetto salvifico di Dio, allontanandoli così da tutti quei pensieri malsani che li trascinano verso impulsi sfrenati e disordinati, che immancabilmente li conducono verso la perdizione, la disgregazione del loro stesso essere psico-fisico e non verso l'unità del loro stesso essere.

Ricorre nella *Lettera ai Corinti* lo stesso accento esortatorio, rivolto ai giovani, della *Lettera a Tito*. In 2,6

Paolo si rivolge a Tito perché esorti i giovani a "*essere assennati*" (Tt 2,6): "*Esorta ancora i più giovani a essere assennati (σωφρονεῖν)*" (Tt 2,6). Nella lettera a Tito tale espressione verbale è indice di moderazione[24]; virtù che viene vissuta da coloro che scelgono di vivere un'intensa vita razionale, "*che consiste nel rifiuto di brame mondane*".[25] Incombe l'obbligo per gli adulti a rendere i giovani assennati, dando loro un'adeguata formazione psico-fisica e virtuale che li renda degni di essere semplici e riservati, in modo tale che la loro riservatezza sia appannaggio della dignità di Dio che ha creato l'uomo semplice e moderato, perché non sia pomposo e affettato nei suoi pensieri. I giovani vengono esortati a non esaltare pomposamente le loro qualità a scapito degli altri, ma a divenire, di fronte agli altri, specchio vivente della semplicità riservata e assennata di Dio, dove la parola non è vuota e fine a se stessa come nel ciarlatano, bensì è unita all'azione, per cui le due cose non sono slegate ma unite, sulla falsariga di Dio che parla poco e compie cose grandi: "*Dio disse: «sia la luce», e la luce fu*" (Gen 1,1).

---

24 Cfr. D. ZELLER, σώφρων, in H. BALZ – G. SCHNEIDER, *Dizionario Esegetico del Nuovo Testamento*, vol. 2, col. 1558.
25 *Ibidem*

1.4. *Educazione al timore di Dio*

Clemente Romano esorta i Corinti ad educare i giovani al timore di Dio: "*Educhiamo (παιδεύωμεν) i giovani al timore (φόβου) di Dio*".[26] Clemente Romano, per risvegliare nei giovani il senso dell'attenzione e del rispetto verso Dio, si avvale del verbo παιδεύειν che nell'antichità greca designava

> l'educazione e la cura del fanciullo che crescendo entrerà a far parte del mondo degli adulti ed ha quindi bisogno di guida, insegnamento, istruzione e insieme di una certa costrizione, cioè della disciplina e anche del castigo.[27]

Tale forma verbale proviene da παιδεία, con il quale termine viene indicato "*il cammino che l'educazione e la formazione devono percorrere ed è pure la meta da*

---

26 CLEMENTE ROMANO, *Epistola ai Corinti* 21,6. Ed. crit. F.X. FUNK-K. BIHLMEYER-M. WHITTAKER, *Die Apostolischen Väter. Griechisch-deutsche Parallelausgabe*, 104. Trad. di A. QUACQUARELLI, *I Padri Apostolici*, p. 64.
27 G. BERTRAM, παιδεύω, in G. KITTEL-G. FRIEDRICH, *Grande Lessico del Nuovo Testamento*, vol. IX, col. 106.

raggiungere".[28] Il termine παιδεία implica l'esperienza e l'ammonimento come condizioni per l'educatore, iniziali ed essenziali per guidare il fanciullo attraverso l'insegnamento delle sue nozioni fondamentali. Alla base di tutte queste l'educatore mira a "*far odiare ciò che è detestabile e amare ciò che è amabile*".[29] Appartiene alla sfera della Verità e del sommo Bene ciò che è amabile, per cui l'educatore mira a coltivare le virtù dello Spirito perché i giovani possano essere educati secondo il suo insegnamento.

Ritornando alla *Lettera ai Corinti* ai responsabili incombe l'obbligo non solo di essere dei buoni e bravi educatori, dai quali traspare una buona condotta di vita ma anche dei bravi istruttori, perché possano istruire i giovani alla vera παιδεία, cioè alle virtù immortali dello Spirito mettendosi in guardia, in linea col pensiero aristotelico, contro le vane tendenze della carne.[30]

A partire da tale quadro l'esortazione alla educazione (paideia) implica per gli educatori, da un lato,

---

28 *Ibidem*
29 PLATONE, *Leggi* 2,653 c.
30 ARISTOTELE, *Etica nicomachea* 1336b23.

la loro condotta di vita che divenga esemplare al giovane perché sia vissuta secondo il modello divino della vera educazione che in sé è immortale e divina[31] e, dall'altro, l'insegnamento della stessa, tramite la forma orale dell'ammonimento. All'educatore quindi spetta il compito di essere un vero timorato di Dio, dal momento che l'educazione dei giovani è di essere finalizzata al timore di Dio.

Il timore di Dio è una delle virtù che conduce l'uomo ad avere riverenza, attenzione e rispetto verso Dio[32], a considerarlo come un amico per cui gli adulti, responsabili della comunità di Corinto, sono tenuti ad essere i più sapienti della comunità perché solo questi sono designati, secondo l'antico adagio socratico, a educare i giovani al timore di Dio: "*il più sapiente educava al timore di Dio e alla dignità regale*".[33]

Sulla base della loro sapienza e della loro vera condotta vissuta secondo la virtù del timore di Dio, gli adulti della comunità di Corinto venivano designati

---

31 Vedi SOCRATE in PLATONE, *Clit.* 407a
32 Cfr. C. RANDAZZO, *La teologia del timore di Dio agli esordi del cristianesimo*, Tricase 2014, pp. 12-22.
33 Ps. PLATONE, *Alcibiade* 1,121e-122a

primariamente a questo incarico e, conseguentemente, a insegnare tale virtù, impegnandosi insieme ai giovani a compiere tale cammino formativo. I giovani venivano educati al timore di Dio che non è la semplice conoscenza di Dio, in quanto, riprendendo le parole dell'anonimo autore dell'*A Diogneto*, la conoscenza senza l'amore gonfia mentre l'amore per la vera vita edifica.[34] La semplice conoscenza di Dio senza l'amore per lui non edifica, perché l'uomo diviene consapevole di sapere tante cose ma non porta frutto, in quanto non ama la vera vita:

> l'apostolo dice: «la conoscenza gonfia, l'amore invece edifica» 6. Chi infatti crede di sapere qualcosa senza la conoscenza vera, che riceve testimonianza dalla vita, non ha acquisito la conoscenza, è ingannato dal serpente, perché non ha amato la vita. Ma chi con timore ha acquisito la conoscenza e cerca la vita, pianta nella speranza, attendendo frutto.[35]

---

34 *A Diogneto* 12,5. Ed. Crit. F.X. FUNK-K. BIHLMEYER-M. WHITTAKER, *Die Apostolischen Väter. Griechisch-deutsche Parallelausgabe*, 322. Trad. di E. NORELLI, *A Diogneto*, Milano 1991, p 130

35 *A Diogneto* 12,6. Ed. crit. F.X. FUNK-K. BIHLMEYER-M. WHITTAKER, *Die Apostolischen Väter. Griechisch-deutsche*

Da ciò si deduce che i giovani vengono educati non solo a conoscere Dio, ma ad amarlo in modo da averlo sempre vicino per renderlo parte integrante della loro vita, senza il quale l'uomo perderebbe il senso della vera vita e quindi la sua stessa immagine di uomo volto a desiderare le cose superne. In Clemente risuona il pensiero dell'*A Diogneto* 12,6-7, perché l'educatore ha il compito non solo di far conoscere all'educando la virtù del timore di Dio ma di suscitare in lui il desiderio di amare Dio, di accoglierlo nel suo cuore, in modo che, mediante la conoscenza unita alla virtù del timore di Dio, il giovane possa pervenire alla vera conoscenza di Dio e ad amare la vera vita.

In particolare Policarpo puntualizza che le donne hanno il compito di educare i loro figli: "*Inoltre che le vostre donne (...) educhino i figli nel timore di Dio*".[36] L'esortazione di Policarpo è rivolta alle donne che hanno il dovere di educare i figli, mostrando così che la donna ha parte integrante, come l'uomo, nella educazione dei figli.

Parallelausgabe, 322. Trad. di E. NORELLI, *A Diogneto*, Milano 1991, p. 130.

36 POLICARPO, *Lettera ai Filippesi* 4,2. Ed. crit. F.X. FUNK-K. BIHLMEYER-M. WHITTAKER, *Die Apostolischen Väter. Griechisch-deutsche Parallelausgabe*, 248. Trad. di A. QUACQUARELLI, *I Padri Apostolici*, p. 155.

Viene riscoperto così il ruolo femminile nella educazione dei figli; ruolo che nella tradizione giudaica e nel pensiero paolino era attribuito solo al padre.[37]

La donna assume per Policarpo un ruolo attivo nell'educazione dei figli al timore di Dio, a condizione che *"esse camminino nella fede loro data, nella carità e nella purezza e prediligendo i loro mariti in ogni fedeltà e amando ugualmente tutti nella castità"*.[38]

Altra condizione perché il genitore possa instaurare una corretta circolarità educativa con il figlio è l'insegnamento del timore di Dio: "*Non allontanare la mano da tuo figlio e da tua figlia, ma dall'infanzia insegnerai loro il timore (φόβον) di Dio*".[39] Alla base dell'educazione del figlio sta la istruzione o meglio la conoscenza del timore di Dio da parte dei genitori. Ad essi compete l'obbligo di fornire al figlio le seguenti istruzioni

---

37 G. BERTRAM, παιδεύω, in G. KITTEL-G. FRIEDRICH, *Grande Lessico del Nuovo Testamento*, vol. IX, col. 129. Vedi anche Ef 6,4.

38 POLICARPO, *Lettera ai Filippesi* 4,2. Ed. crit. F.X. FUNK-K. BIHLMEYER-M. WHITTAKER, *Die Apostolischen Väter. Griechisch-deutsche Parallelausgabe*, 248. Trad. di A. QUACQUARELLI, *I Padri Apostolici*, p. 155.

39 BARNABA, *Epistola* 19,5. Ed. crit. F.X. FUNK-K. BIHLMEYER-M. WHITTAKER, *Die Apostolischen Väter. Griechisch-deutsche Parallelausgabe*, 70. Trad. di A. QUACQUARELLI, *I Padri Apostolici*, p. 212.

circa la virtù del timore di Dio:

- il timore di Dio in senso positivo. Esso non è la paura di Dio ma il ritegno ossequioso, o meglio l'ossequio che chi desidera Dio rivolge verso di lui.
- Il timorato ha l'obbligo di avere un contegno buono di Dio, perché egli lo ama e lo desidera al di sopra di tutte le cose.
- In qualunque circostanza della vita quotidiana il timorato è chiamato ad abbandonarsi nelle mani di Dio, fiducioso del suo intervento in suo favore e della sua salvezza e protezione.
- Al timorato incombe il dovere di essere sottomesso a Dio e di rivolgergli il dovuto rispetto e la dovuta riverenza.

1.5. *Educazione reciproca all'insegna della temperanza*

Altra condizione, secondo il *Pastore* di Erma, perché ogni responsabile della comunità possa divenire un buon educatore è l'educazione reciproca, impartita secondo la virtù della temperanza:

Questa intemperanza è dannosa per voi che possedete e non date ai bisognosi (...) 6. Fate attenzione voi che vi vantate della vostra ricchezza che i bisognosi non siano mai angustiati e il loro lamento non salga al Signore. Con i vostri beni non sia chiusa la porta della torre 7. Dico a voi che siete i capi della chiesa e occupate i primi posti: non vi fate simili ai fattucchieri. I fattucchieri portano i loro filtri nei vaselli, voi portate il vostro filtro, il veleno, nel cuore. 8. Siete induriti e non volete purificarvi, fondere il vostro sentimento nel cuore puro per ottenere misericordia dal grande re (...) 10. Come potete educare gli eletti di Dio, se non siete voi educati? Educatevi, dunque, l'un l'altro e vivete in pace perché io al cospetto del Padre possa contenta parlare di voi tutti.[40]

La chiesa, simboleggiata come una donna anziana, esorta i capi della chiesa ad educarsi reciprocamente alla virtù della temperanza – virtù che consiste nel dare ai

---

40 ERMA, *Pastore, Visioni* 3,17,4.6.7.8.10. Ed. crit. F.X. FUNK-K. BIHLMEYER-M. WHITTAKER, *Die Apostolischen Väter. Griechisch-deutsche Parallelausgabe*, 358-360. Trad. di A. QUACQUARELLI, *I Padri Apostolici*, pp. 258-259.

bisognosi ciò che è dovuto per il necessario vitto e sostentamento – in quanto tale educazione reciproca porta a vivere nella pace e non nella discordia. Qui la chiesa esorta i capi della chiesa a non moltiplicare le loro ricchezze e i loro benesseri materiali a scapito della crescente povertà dei bisognosi, vittime del sopruso e dell'abbandono dei ricchi. La chiesa esorta alla carità (amore) verso gli indigenti; amore che consegue dalla virtù della temperanza, secondo la quale l'uomo si impegna a dare al bisognoso quanto è a lui necessario, con il compenso di non aumentare le proprie ricchezze. Spetta, secondo Erma, ai capi della chiesa l'educazione reciproca a tale virtù, dal momento che essi eccellono in beni e possedimenti di ordine materiale.

La virtù della intemperanza, alla quale essi sono soggetti, deriva dalla loro sclerocardia e può essere rimossa se il loro cuore viene purificato: "*Siete induriti e non volete purificarvi, fondere il vostro sentimento nel cuore puro per ottenere misericordia dal grande Re*".[41] La

---

41 ERMA, *Pastore, Visioni* 3,17,8-9. Ed. crit. F.X. FUNK-K. BIHLMEYER-M. WHITTAKER, *Die Apostolischen Väter. Griechisch-deutsche Parallelausgabe*, 360. Trad. di A. QUACQUARELLI, *I Padri Apostolici*, pp. 258-259.

esortazione di Erma ricalca quella di Gesù, per la quale è più facile che il cammello passi per la cruna di un ago che un ricco dare i propri beni ai poveri (Mt 19,24).

A partire da tale quadro i capi della chiesa, secondo Erma, sono chiamati a purificare il loro cuore per ottenere misericordia da Dio, al fine di desiderare la vera vita, cioè la Verità e non le cose corruttibili (ricchezze materiali), in modo da essere veri educatori sulla terra: *"Come potete educare gli eletti di Dio, se non siete voi educati?"*.[42] Per Erma incombe ai capi della chiesa l'obbligo di purificare il loro cuore dall'intemperanza per vivere in pace, divenendo concreti educatori della Verità.

---

[42] ERMA, *Pastore, Visioni* 3,17,9,10. Ed. crit. F.X. FUNK-K. BIHLMEYER-M. WHITTAKER, *Die Apostolischen Väter. Griechisch-deutsche Parallelausgabe*, 360. Trad. di A. QUACQUARELLI, *I Padri Apostolici*, p. 259.

2. Il modello educativo per i giovani
2.1. *Il modello educativo di Cristo*

Clemente Romano cita il testimonium scritturistico di Is 53,1 applicando a Cristo l'appellativo di fanciullo: "*Egli è come un fanciullo, come una radice nella terra assetata; non ha apparenza né gloria*".[43] Egli mostra alla sua comunità che, alla stessa stregua di un fanciullo che è obbediente agli ordini del Padre in quanto si sottomette alla sua volontà, Cristo è venuto nel mondo non nella spavalderia e nell'orgoglio, ma nell'umiltà:

> Cristo è degli umili, non di chi si eleva sul suo gregge. 2. Lo scettro della maestà di Dio, il Signore Gesù Cristo, non venne nel fragore della spavalderia e dell'orgoglio, - e l'avrebbe potuto – ma nell'umiltà di cuore come lo Spirito Santo ebbe a dire di lui.[44]

L'immagine della radice, ripresa da Isaia, è

---

43 CLEMENTE ROMANO, *Epistola ai Corinti* 16,3. Ed. crit. F.X. FUNK-K. BIHLMEYER-M. WHITTAKER, *Die Apostolischen Väter. Griechisch-deutsche Parallelausgabe*, 96. Trad. di A. QUACQUARELLI, *I Padri Apostolici*, p. 59.
44 CLEMENTE ROMANO, *Epistola ai Corinti* 16,1-2. Ed. crit. F.X. FUNK-K. BIHLMEYER-M. WHITTAKER, *Die Apostolischen Väter. Griechisch-deutsche Parallelausgabe*, 96. Trad. di A. QUACQUARELLI, *I Padri Apostolici*, p. 59.

significativa in ordine all'umiltà di cuore. Con questa immagine Clemente vuole indicare che l'umiltà di cuore di Cristo è paragonabile alla radice, perché la radice è nascosta nella terra, non si fa vedere pur sorreggendo la terra. Alla stessa stregua della radice, Cristo non mostra e non fa vedere le sue belle qualità, ma sorregge il mondo, pur non mettendo in mostra tali qualità. Egli sorregge il mondo in quanto sopporta su di sé i peccati di tutta l'umanità e per questa ragione nasconde la bellezza del suo volto, apparendo sfigurato: *"Noi lo vedemmo, non aveva una bella apparenza, ma l'aspetto suo era spregevole, lontano dall'aspetto degli uomini"*.[45]

Alla stessa stregua della radice, prosegue Clemente Romano, anche l'uomo afflitto e disonorato nasconde il suo volto: *"Come l'uomo che è nelle percosse e nel travaglio e che sa sopportare l'afflizione perché nasconde il suo volto, non fu onorato e calcolato"*.[46]

Clemente Romano, rifacendosi all'immagine della

---

45 CLEMENTE ROMANO, *Epistola ai Corinti* 16,3. Ed. crit. F.X. FUNK-K. BIHLMEYER-M. WHITTAKER, *Die Apostolischen Väter. Griechisch-deutsche Parallelausgabe*, 96. Trad. di A. QUACQUARELLI, *I Padri Apostolici*, p. 59.
46 *Ibidem*

radice che è senza volto in quanto simbolo dell'umiltà, alla stessa stregua di un uomo percosso, annovera la virtù dell'umiltà di cuore a modello educativo per la comunità e per gli stessi giovani.

Il modello educativo che Clemente propone alla sua comunità è fondato sull'umiltà, cioè su quella particolare predisposizione di cuore volta a sopportare le altrui mancanze e a soffrire per queste, alla stessa stregua di Cristo che "*porta i nostri peccati e soffre per noi, e noi abbiamo considerato che fu nel travaglio, nell'afflizione e nel maltrattamento*".[47] Nella sofferenza umiliatrice l'uomo redime se stesso, alla stessa stregua di Gesù, perché "*nella umiliazione fu tolta la sua condanna*".[48] I sacrifici vengono annoverati da Clemente Romano come rimedi salutari per l'anima peccatrice, perché grazie a questi il Signore dà a questa "*una lunga posterità*": "*Se fate sacrifici per il peccato, la vostra anima vedrà una lunga*

---

47 CLEMENTE ROMANO, *Epistola ai Corinti* 16,4. Ed. crit. F.X. FUNK-K. BIHLMEYER-M. WHITTAKER, *Die Apostolischen Väter. Griechisch-deutsche Parallelausgabe*, 96. Trad. di A. QUACQUARELLI, *I Padri Apostolici*, p. 59.
48 CLEMENTE ROMANO, *Epistola ai Corinti* 16,7. Ed. crit. F.X. FUNK-K. BIHLMEYER-M. WHITTAKER, *Die Apostolischen Väter. Griechisch-deutsche Parallelausgabe*, 98. Trad. di A. QUACQUARELLI, *I Padri Apostolici*, p. 60.

posterità".[49]

Clemente Romano esorta i figli a divenire partecipi dell'educazione in Cristo; educazione che un figlio può ricevere se egli impara ad essere fiaccola vivente della stessa umiltà e dello stesso amore (agape) che Cristo ha vissuto per noi, baluardi potenti di vera educazione e di salvezza presso Dio: *"I nostri figli partecipino dell'educazione in Cristo; imparino che cosa possano l'umiltà e l'amore presso il Signore"*.[50]

Clemente Romano puntualizza che il modello educativo per i figli ha il suo fondamento nell'umiltà e nell'amore: dall'unione di entrambe le virtù il figlio parteciperebbe della stessa educazione di Cristo; educazione che il Padre ha dato al Figlio fin dai primordi della creazione e che ha reso concreta nella sua più alta forma nel sabato pasquale (soteriologico), dove il Figlio nell'umiltà della croce ha dato se stesso per la salvezza

---

49 CLEMENTE ROMANO, *Epistola ai Corinti* 16,11. Ed. crit. F.X. FUNK-K. BIHLMEYER-M. WHITTAKER, *Die Apostolischen Väter. Griechisch-deutsche Parallelausgabe*, 98. Trad. di A. QUACQUARELLI, *I Padri Apostolici*, p. 60.
50 CLEMENTE ROMANO, *Epistola ai Corinti* 21,8. Ed. crit. F.X. FUNK-K. BIHLMEYER-M. WHITTAKER, *Die Apostolischen Väter. Griechisch-deutsche Parallelausgabe*, 106. Trad. di A. QUACQUARELLI, *I Padri Apostolici*, p. 64.

dell'umanità.

Non è esclusa dal modello educativo di Cristo neanche la irreprensibilità, alla quale ogni giovane può conformarsi se si accosta il più possibile alla purezza e si pone un freno davanti ad ogni forma di male: *"Ugualmente i giovani siano irreprensibili in tutto, considerando la purezza e frenandosi davanti ad ogni male"*.[51]

Secondo Policarpo condizioni per divenire irreprensibili sono la purezza e il porre freno davanti a ogni male. Policarpo addita nella irreprensibilità il modello educativo di Cristo per i giovani, perché Cristo stesso durante la sua vita si mantenne libero da ogni forma di contaminazione materiale e morale, in quanto era proprio lui il guaritore di tutti i mali.

Agli occhi di Cristo, secondo lo pseudo-Clemente, tutti gli uomini sono chiamati figli: *"Come un padre ci chiamò figli e ci salvò mentre eravamo per perderci"*.[52] Lo pseudo-

---

51 POLICARPO, *Lettera ai Filippesi* 5,3. Ed. crit. F.X. FUNK-K. BIHLMEYER-M. WHITTAKER, *Die Apostolischen Väter. Griechisch-deutsche Parallelausgabe*, 248. Trad. di A. QUACQUARELLI, *I Padri Apostolici*, p. 156.
52 Ps. CLEMENTE, *Omelia* 1,4. Ed. crit. F.X. FUNK-K. BIHLMEYER-M. WHITTAKER, *Die Apostolischen Väter.*

Clemente, dando a Cristo l'appellativo di padre e collegando la salvezza alla figliolanza umana, vuole far intuire alla sua comunità che Cristo ha amato l'uomo, impelagato com'era nell'orgia dei beni corruttibili, perché lo ha volto a desiderare quelli eterni:

> Ciechi di mente adoravamo pietre, legni, oro, argento e bronzo opere di uomini. Tutta la nostra vita null'altro era che morte. Eravamo circondati dalle tenebre e pieni di tanta oscurità negli occhi. Per suo volere riacquistammo la vista rompendo la caligine che ci avvolgeva.[53]

Grazie all'amore salvifico di Cristo e alla sua grande misericordia, l'uomo ha potuto rivolgere lo sguardo ai beni incorruttibili: "*Ebbe misericordia di noi e mosso a pietà ci*

Griechisch-deutsche Parallelausgabe, 154. Trad. di A. QUACQUARELLI, *I Padri Apostolici*, p. 221. Per la tematica della conversione alla cristianità come un processo educativo nelle pseudo-clementine vedi P. GEMEINHARDT, *In Search of Christian Paideia Education and Conversion in Early Christian Biography* , in P. GEMEINHARDT, T. GEORGES, (éds.), *Between Education and Conversion. Ways of Approaching Religion in Late Antiquity*, Berlin/Boston 2012 =*Zeitschrift für antikes Christentum* 16,1, pp. 88-98

53 Ps. CLEMENTE, *Omelia* 1,6. Ed. crit. F.X. FUNK-K. BIHLMEYER-M. WHITTAKER, *Die Apostolischen Väter. Griechisch-deutsche Parallelausgabe*, 154. Trad. di A. QUACQUARELLI, *I Padri Apostolici*, p. 221.

salvò".[54] Prima della salvezza e di una buona rieducazione alla vita eterna vi è l'afflizione, perché ogni uomo soffre in ragione della gravità delle proprie azioni: *"giustamente ognuno ha tutto sofferto secondo le proprie azioni"*.[55]

Erma puntualizza che coloro che operarono male sono vittime di diversi castighi e tormenti, i quali vengono riversati sull'uomo peccatore sulla base delle sue azioni:

> Egli (l'angelo del castigo) prende quelli che hanno errato lontano da Dio camminando nella via delle passioni e dei piaceri di questo mondo e li punisce, come ognuno ha meritato, con diversi castighi atroci.[56]

A partire da tale quadro le prove della vita sono dovute, secondo Erma, alle azioni dissolute di coloro che

---

54 Ps. CLEMENTE, *Omelia* 1,7. Ed. crit. F.X. FUNK-K. BIHLMEYER-M. WHITTAKER, *Die Apostolischen Väter. Griechisch-deutsche Parallelausgabe*, 154. Trad. di A. QUACQUARELLI, *I Padri Apostolici*, pp. 303-304.

55 ERMA, *Pastore, Similitudini* 63,6. Ed. crit. F.X. FUNK-K. BIHLMEYER-M. WHITTAKER, *Die Apostolischen Väter. Griechisch-deutsche Parallelausgabe*, 454-456. Trad. di A. QUACQUARELLI, *I Padri Apostolici*, pp. 303-304.

56 ERMA, *Pastore, Similitudini* 63,3-5. Ed. crit. F.X. FUNK-K. BIHLMEYER-M. WHITTAKER, *Die Apostolischen Väter. Griechisch-deutsche Parallelausgabe*, 454. Trad. di A. QUACQUARELLI, *I Padri Apostolici*, p. 303.

hanno assecondato i piaceri e le passioni:

le varie prove e castighi sono le prove della
vita. Alcuni sono puniti con malanni, altri con
privazioni, altri con malattie varie, altri con
ogni disgrazia; altri infine sono offesi da
indegni e soffrono parecchi altri mali. 5. Molti
incerti nelle decisioni imprendono molte cose
e nulla loro riesce. Dicono che non hanno
successo nei loro affari e, non ricordandosi nel
loro cuore che operarono male, incolpano il
Signore.[57]

L'afflizione diviene un balsamo miracoloso per le
anime traviate dalle dissolutezze perché, grazie alle
tribolazioni attraverso le quali l'anima soffre le pene
inflitte dall'angelo del castigo, gli uomini, sottolinea Erma,
"*si rafforzano nella fede del Signore e, per i rimanenti
giorni della loro vita, lo servono con cuore puro*".[58] Le

---

57 ERMA, *Pastore, Similitudini* 63,4-5. Ed. crit. F.X. FUNK-K.
BIHLMEYER-M. WHITTAKER, *Die Apostolischen Väter.
Griechisch-deutsche Parallelausgabe*, 454. Trad. di A.
QUACQUARELLI, *I Padri Apostolici*, p. 303.
58 ERMA, *Pastore, Similitudini* 63,6. Ed. crit. F.X. FUNK-K.
BIHLMEYER-M. WHITTAKER, *Die Apostolischen Väter.
Griechisch-deutsche Parallelausgabe*, 454-456. Trad. di A.
QUACQUARELLI, *I Padri Apostolici*, p. 303.

tribolazioni, secondo Erma, assumono la connotazione di essere cause fondanti una buona rieducazione, la quale prende piede a seguito di una contrizione profonda scaturita dalla consapevolezza di avere agito male, il cui segno concreto sono le tribolazioni:

> Quando sono afflitti da ogni tribolazione allora mi vengono consegnati per una buona rieducazione (...). Quando si pentono allora risaltano nel loro cuore le opere perverse che compirono, e glorificano Dio perché è giudice giusto.[59]

I giovani possono arrivare a tale meta, precisa Policarpo, se fuggono le passioni del mondo, in quanto la carne fa guerra allo spirito:

> È bello distaccarsi dalle passioni del mondo, poiché ogni passione fa guerra contro lo spirito, e né i fornicatori, né gli effeminati, né i sodomiti erediteranno il regno di Dio, né coloro che fanno stranezze. Per questo occorre che

---

59 ERMA, *Pastore, Similitudini* 63,6. Ed. crit. F.X. FUNK-K. BIHLMEYER-M. WHITTAKER, *Die Apostolischen Väter. Griechisch-deutsche Parallelausgabe*, 454-456. Trad. di A. QUACQUARELLI, *I Padri Apostolici*, pp. 303-304.

siano lontani da tutti questi mali e soggetti ai presbiteri e ai diaconi come a Dio e a Cristo.[60]

Risuona il pensiero paolino del combattimento della carne contro lo spirito e viceversa (Gal 5,17). Infatti secondo l'apostolo Paolo coloro che seguono i piaceri del mondo non sono piacenti a Dio perché non si comportano come lui invece vorrebbe e, conseguentemente, non ereditano il regno di Dio (1Cor 6,9-10). Si intuisce che i giovani sono chiamati a fare proprio il modello educativo di Cristo, basato sulla apatia, cioè sulla fuga da tutte le passioni che il mondo procura se essi si lasciano infatuare.

2.2. *Il modello educativo dei veri saggi cristiani*

2.2.1. Uomini fedeli e saggi

La fedeltà e la saggezza sono due virtù (abiti) dell'anima degli uomini fedeli e saggi, virtù che, secondo Clemente Romano, sono alla base di una vita vissuta

---

60 POLICARPO, *Lettera ai Filippesi* 5,3. Ed. crit. F.X. FUNK-K. BIHLMEYER-M. WHITTAKER, *Die Apostolischen Väter. Griechisch-deutsche Parallelausgabe*, 248. Trad. di A. QUACQUARELLI, *I Padri Apostolici*, p. 156.

all'insegna di una buona educazione che si mostra concretamente fin dalla loro giovinezza con modi corretti: *"Vi abbiamo inviato uomini fedeli e saggi, vissuti in mezzo a noi con modi corretti dalla gioventù alla vecchiaia"*.[61] L'invio da parte di Clemente Romano di uomini bene educati è stato dipeso dal possesso, da parte di loro, di queste due virtù, della fedeltà e della saggezza; virtù che hanno prodotto in loro atteggiamenti corretti, essendo stati copie viventi della fedeltà e della saggezza del Logos che, nel sabato primordiale, era fedele al Padre e a lui si rivolgeva perché sapienza eterna del Padre. La fedeltà e la saggezza sono contrassegnate da Clemente come virtù esemplari perché coloro che sono stati educati all'insegna di queste, sono testimoni viventi della Verità incarnata: *"che saranno testimoni tra noi e voi"*.[62]

---

61 CLEMENTE ROMANO, *Epistola ai Corinti* 63,3. Ed. crit. F.X. FUNK-K. BIHLMEYER-M. WHITTAKER, *Die Apostolischen Väter. Griechisch-deutsche Parallelausgabe*, 148. Trad. di A. QUACQUARELLI, *I Padri Apostolici*, p. 92.
62 *Ibidem*

2.2.2. Germanico, modello di giovinezza

Nel *Martirio di Policarpo* Germanico viene contraddistinto come un modello di giovinezza perché educato ai valori della paideia cristiana; paideia che manifesta in Germanico il proprio potere di sostegno verso i deboli e di vittoria contro le forze del male attraverso queste tre virtù: la generosità, la costanza e l'elevatezza d'animo. Le prime due sono alla base del suo sostegno in favore dei cristiani che, per la loro debolezza, sopportarono atroci tormenti per godere già sulla terra la vita eterna:

> Presi dalla grazia di Cristo, disprezzavano i tormenti del mondo, acquistandosi, per un momento solo, la vita eterna (...). Similmente quelli che furono condannati alle fiere sopportarono tormenti orribili, stesi su conchiglie e straziati con altre forme di torture varie, perché si cercava, se fosse stato possibile, di indurli all'abiura. 3,1 (...). Il generosissimo Germanico con la sua costanza sostenne la loro debolezza e fu mirabile nella lotta contro le fiere.[63]

---

63 *Martirio di Policarpo* 2,3-4.3,1. Ed. crit. F.X. FUNK-K. BIHLMEYER-M. WHITTAKER, *Die Apostolischen Väter.Griechisch-deutsche Parallelausgabe*, 262-264. Trad. di A.

La generosità, unita alla costanza, è al fondamento non solo del sostegno dello spirito di quei cristiani che subivano atroci tormenti a motivo della loro fede e sequela alla verità incarnata (Cristo), ma anche della loro vittoria contro le fiere, tese unicamente a soddisfare i bisogni della carne. Nel *Martirio di Policarpo* Germanico viene contrassegnato come il modello giovanile dell'educazione, cioè di colui che si impegna, sia con la parola che con gli atti, perché gli altri divengano forti nello spirito, vincendo nella lotta contro le tendenze della carne, incluse le fiere. Con la sua generosità e la sua costanza Germanico educa i cristiani, tormentati dalle sevizie delle torture, a sostenere la debolezza del loro corpo perché la sofferenza del loro corpo induce lo spirito a fortificarsi per essere auriga del corpo, o meglio il suo cocchiere.

Ricorre il pensiero dell'anonimo autore secondo il quale l'anima si rinvigorisce e sostiene il corpo man mano che riesce a prendere le redini del suo governo,[64] ovvero quando il corpo è in preda alla sofferenza. Germanico è

QUACQUARELLI, *I Padri Apostolici*, p. 162.

64 *A Diogneto* 5,5. Ed. crit. F.X. FUNK-K. BIHLMEYER-M. WHITTAKER, *Die Apostolischen Väter. Griechisch-deutsche Parallelausgabe*, 312. Trad. di E. NORELLI, *A Diogneto*, p. 89.

anche un formidabile esempio di educatore vittorioso contro le tendenze della carne, dal momento che la carne combatte lo spirito e gli fa guerra, riprendendo le parole dell'anonimo autore dell'*A Diogneto*, perché questa vuole volgerlo verso le cose della terra: "*L'anima ama la carne che la odia, e le membra: così pure i cristiani amano coloro che li odiano*".[65] Agli occhi della folla Germanico diviene esempio di elevatezza d'animo dal momento che provocava le fiere a mangiarlo vivo:

> Il proconsole mentre lo esortava dicendo di avere pietà della sua giovinezza, egli aizzandolo attirava contro di sé la belva desideroso di allontanarsi al più presto da questa vita ingiusta ed iniqua. 2. Perciò tutta la folla meravigliata della elevatezza d'animo della razza pia e generosa dei cristiani.[66]

A partire da tale quadro Germanico diviene modello

---

65 *A Diogneto* 6,6. Ed. crit. F.X. FUNK-K. BIHLMEYER-M. WHITTAKER, *Die Apostolischen Väter. Griechisch-deutsche Parallelausgabe*, 312-314. Trad. di E. NORELLI, *A Diogneto*, p. 96.
66 *Martirio di Policarpo* 3,1 2. Ed. crit. F.X. FUNK-K. BIHLMEYER-M. WHITTAKER, *Die Apostolischen Väter. Griechisch-deutsche Parallelausgabe*, 264. Trad. di A. QUACQUARELLI, *I Padri Apostolici*, pp. 162-163.

di vero educatore dello spirito perché da una parte, sostenendo la debolezza della carne dei cristiani, egli condivide la loro sofferenza che è salutare per lo spirito in quanto questo non resta avvinghiato dalle orgie sfrenate di questa, e perché, dall'altra, egli vince sui desideri ingiusti ed iniqui della carne, liberando lo spirito dal carcere di questa, nel darsi e nel dare il corpo dei cristiani alle fiere per essere mangiato.

Conclusione

In questo studio abbiamo avuto modo di vedere che, secondo i Padri apostolici, ciò che consente la pratica educativa dei genitori e degli adulti è non solo la presenza di colui che è in procinto di essere educato, ma soprattutto la ferma predisposizione di questi ad avvicinarsi alla Verità sia con la mente che con gli atti.

Secondo i Padri apostolici questo progressivo cammino, da parte degli educatori, gioca un ruolo fondamentale per la loro pratica educativa, perché gli educatori, allontanando le infime tensioni della carne, possono trasmettere agli educandi la loro educazione fondata sulle virtù, educazione che era già stata trasmessa non solo da Cristo stesso, sull'orma del quale i giovani hanno il dovere di imitare la sua condotta, ma anche dai saggi cristiani e dagli uomini di fede che, come Germanico, hanno dato esempio di vittoria, fortificando lo spirito sulle debolezze della carne.

Bibliografia essenziale

FUNK F.X. - BIHLMEYER WHITTAKER M., *Die Apostolischen Väter. Griechisch - deutsche Parallelausgabe*, Tubingen 1992.

GEMEINHARDT, P., *In Search of Christian Paideia Education and Conversion in Early Christian Biography* , in P. GEMEINHARDT, T. GEORGES, (éds.), *Between Education and Conversion. Ways of Approaching Religion in Late Antiquity*, Berlin/Boston 2012 *=Zeitschrift für antikes Christentum* 16,1, pp. 88-98.

LEYERLE B., *Children and 'the Child' in Early Christianity*, in J.E. GRUBBS-T. PARKIN (Eds.), *The Oxford Handbook of Childhood and Education in the Classical World*,, Oxford University Press 2013, pp. 559-579.

MARROU H.I., *Histoire de l'éducation dans l'antiquité*, Éditions du Seuil 1965.

MITCHELL M.M. - F.M. YOUNG, *The Cambridge History of Christianity*, vol. 1, *Origins to Constantine*, Cambridge University Press 2008, pp. 82-487.

QUACQUARELLI A., *I Padri apostolici*, Rome 2000.

STRAWBRIDGE J., *'A School of Paul? Pauline Texts in Early Christian Schooltext Papyri,'* in M. HAUGE - A. PITTS (Eds.), *Ancient Education and Early Christianity* (LNTS; New York: T&T Clark 2016.

Finito di stampare nel mese di Settembre 2017
per conto di Youcanprint *Self-Publishing*

9 788889 321202 1